PELLE ANDERS

... ZU SCHADE ...

GEDICHTE ÜBERLEBTER WAHRHEITEN

novum ◢ pro

Dieses Buch ist auch als
e-book
erhältlich.

Bibliografische Information
der Deutschen Nationalbibliothek:

Die Deutsche Nationalbibliothek
verzeichnet diese Publikation in
der Deutschen Nationalbibliografie.
Detaillierte bibliografische Daten
sind im Internet über
http://www.d-nb.de abrufbar.

Gedruckt in der Europäischen Union
auf umweltfreundlichem, chlor- und
säurefrei gebleichtem Papier.

© 2024 novum Verlag

ISBN 978-3-99146-963-6
Lektorat: Karolin Leyendecker
Umschlag- & Innenabbildungen:
Pelle Anders
Umschlaggestaltung, Layout & Satz:
novum Verlag

Die vom Autor zur Verfügung ge-
stellten Abbildungen wurden in der
bestmöglichen Qualität gedruckt.

www.novumverlag.com

Druckprodukt mit finanziellem
Klimabeitrag
ClimatePartner.com/16547-2311-1001

Tiefschlag 0

Zu viel gegrübelt, bei Tag und bei Nacht.
Umstände ertragen, anderes vermisst.
Zu oft, am Ende umsonst, Gedanken gemacht.
Zuletzt Gewissheit: Es ist, wie es ist.
Erschöpft, verwirrt, Sprachlosigkeit.
Ungläubig, zerschlagen, man fühlt sich leer.
Wut, Verzweiflung ... was weiß ich ... noch vieles mehr.
Es gilt, den Kopf, die Seele zu befreien.
Deshalb muss ich es tun.
Und hoffe, es hilft, davon zu schreiben.
Ich möchte wieder in mir ruh'n.

Tiefschlag I

Wenn Dir was den Spaß am Leben verdirbt,
ist es besser, dass man stirbt ...

Tiefschlag II

Heyda, Du mein Spiegelbild.
Schön, dass wir zusammen sind.
Freundschaft ist das, was zählt.
In dieser absurden Welt.
Ein bisschen einsam, dieses Leben.
Es müsst noch einen von uns geben.

Tiefschlag III

Du bist immer für mich da.
Keine Ausflüchte, keine anderen Termine.
Du bist da, ohne dass ich Dich anfordern muss.
Zuverlässig und treu.
Dir kann man alles anvertrauen.
Keine überflüssigen, geheuchelten Fragen, keine klugen
Ratschläge.
Du bist für mich da.
Beim Einschlafen und beim Aufwachen.
Ich sehe Dich.
Du bist mein bester Freund.
Du Ecke. An der Decke.

Tiefschlag IV

Da ist er wieder. Seine Macht drückt Dich nieder.
Der Berg Probleme.
Fast war er vergessen. Doch das ist mehr als vermessen.
Er türmt sich vor Dir auf. Die neusten Sorgen obendrauf.
Lacht Dir ins Gesicht: „Das schaffst Du nicht."
Der Berg Probleme.
Nicht zu bezwingen. Zum Glück bleiben rauchen und trinken.
Lass den Rausch gewaltig sein. Dann erscheint Dir der Berg
nur noch klein.

Tiefschlag V

Mühe gegeben, Arsch hochgekriegt.
Nummer gewählt. Erzählt, was anliegt.
Kaum ausgesprochen, bin wie benommen.
Was hab' ich verbrochen, Haufen Tipps bekommen.
Hab' doch gar nicht gefragt, ehrlich gesagt.
Mann, Mann, Mann. Ich ruf' nicht mehr an.
Ein anderes Mal, natürlich, ein weit'rer Versuch.
Mal wieder enttäuscht. Pech gehabt oder ein Fluch?
Es scheint, die Geschichte meines Lebens
erzähle ich offensichtlich vergebens.

Tiefschlag VI

Ich erinn're mich gerade, denk an so vieles. Schad',
dass ich nicht vergesse.
Falls es Dich gibt, mein Gott. Gibt's auf die Fresse.

hoho7'19

Tiefschlag VII

Um eine Rede zu halten, muss ich erst Papier entfalten.
Liebe Leute, gewährt mir ein Ohr. Ich habe „Tschüss"
zu sagen vor.
Und ich gebe zu, ich wollte ganz viel Ruh'.
Dafür und in meinem Falle geht ein schöner Gruß an alle.

Morgen ganz früh sause – ich mit der Bahn nach Hause.
Ihr hört weiter zu, macht mit und werdet alle möglichst fit.
Meine Zeit ist um und reif, Ihr haltet schön die Ohren steif.
Das soll's gewesen sein. Ich steck' den Zettel wieder ein.
Gruß und Kuss, weil ich nach Hause muss.

Tiefschlag VIII

Denk' ich ans Träumen, welch ein Glück.
Einmal heile Welt und ungern zurück.
Sorgen, Nöte, die bösen – Tag für Tag.
Kaum zu ändern, zu schaffen, zu besiegen.
Der Traum hat eine Lösung parat:
übers Wasser zu laufen, davon zu fliegen.
Im Traum ist kaum was im Argen.
Jetzt müsst' ich nur noch einschlafen.

Tiefschlag IX

Es heißt: Die Hoffnung stirbt zuletzt.
Ich weiß: ist lange tot. Nicht erst seit jetzt.
Ich glaub', es gibt sie nicht.
Ließ mich allzu oft im Stich.
In Zukunft leben ohne sie?
Wär' total entspannt wie noch nie.
War viel zu oft ein träumender Sklave.
Erst Hoffnung ..., dann Sturz auf die Nase.

Tiefschlag X

Heute, endlich, geht's los. Hört es auf. Höchste Zeit,
dass es passiert.
Lange genossen, lange ertragen. Man gibt, man bekommt.
Du gewinnst, Du verlierst.
Schön, dass Du gehst. Hast mir Tage gerettet. Doch ich
mag dich nicht mehr seh'n.
Immer für mich da. Danke. Verlässlich, verletzend.
Es muss ohne dich geh'n.
Trotz allem. Du warst 'ne nette ... letzte Zigarette.

Tiefschlag XI

Ich mag dieses Wort nicht. Alles verändert sich.
Es irritiert und hemmt. Man wird sich selbst fremd.
So, wie ich die Sache sehe: hat jeder so seine Probleme.
Der Mensch macht oder lässt es. Erinnert sich
oder vergisst es.
Der Mensch ist oder scheint. Wird bejaht oder verneint.
Mit Disziplin und Mühe verteilt man weiter Menschenliebe.
Doch irgendwann fragt man sich, gibt es so was
auch für mich?
Und damit ist das Umfeld schon bei seiner Interpretation.
Gemäß der Definition heißt es dann Depression ...
Na, da „bedanke" ich mich aber sehr.
„Störung der sensorischen Integration" erklärt mir mehr.

Tiefschlag XII

Da sitze ich also. Die Nase im Sonnenschein.
Vom Tag müde und platt auf dem Sofa daheim.
Mir selbst versprochen, statt Abend für Abend
die Schwäche zu pflegen, am Frühling mich labend.
Ein Vogel singt mich in den Schlaf.
Ich fühl' mich friedlich, versunken und brav.
Was eben noch laut, viel, doof, ein Schlag ins Genick
wird nun belanglos, nichtig und ganz schön weit weg.
So atmet die Brust und kostet das Herz
vom Wunder und Zauber alljährlich im März.
Und wenn ich noch oft staun', gewinn' oder verliere,
dieses Gefühl, am liebsten für immer, hier und jetzt
baumelt die Seele.

hoho 3'17

Tiefschlag XIII

Die Erde, sie dreht sich. Die Menschheit, sie regt sich.
Es wird geliebt und geboren. Es wird gehasst und gestorben.
Schon immer war's so. Lass es geschehen.
Heiß die einen willkommen. Die anderen lass gehen.

Tiefschlag XIV

Was macht die Kunst? Was macht die Kunst?
Hört sich an, als wär's ein Muss.
Von jetzt auf nun, sofort – mitnichten!
Es braucht ein wenig mehr beim Dichten.
Themen gibt's wie Sand am Meer.
Schön, wenn's was Nettes wär'.
Erst ein Gefühl, dann die Idee, für Tage
als Projekt im Kopf ich trage.
Es keimt, braucht Zeit zum Reifen,
entwickelt sich trotz mancher Zweifel.
Und endlich, endlich zu Papier –
so entsteht ein Gedicht bei mir.

Tiefschlag XV

Endlich zu Hause. Das Wetter schlecht. Jetzt aber los,
und jetzt erst recht.
Die Schwachen, steht irgendwo geschrieben, bleiben
auf dem Sofa liegen.
Ist's draußen nass und trüb, schlägt es ihnen aufs Gemüt.
Ich sehe das anders, denn bei Regen kann man trotzdem
sich bewegen.
Gibt es mal Grund, sich die Haare zu raufen, ist es besser,
mit sich selbst zu laufen.
Denn der Regen, sanft und leise, hilft bei Stress auf
seine Weise.

Tiefschlag XVI

hanging around, frightened of not to be found.
Let's be in love, so that the head above.
That's what to be adored,
to feel to be born once more.

Tiefschlag XVII

Erledigt, platt und enttäuscht. Gebettelt, gehofft und
das mehrmals.
Hilfe? Dann aber schnell. Mir steht Wasser bis zum Hals.
So schau ich nach rechts und zur linken Seite.
Und sehe ... nichts, gar nichts, nur endlose Weite.
Die Augen, die Ohren auf Empfang melden trügerisch: Stille.
So, Mensch, hier sollst Du nicht sein, sagen Gefühle.
Dann also los. Auf, auf! Den ersten Schritt.
Doch stell' ich fest: Der Fuß macht nicht mit.
Luft angehalten, untergetaucht. Der Blick geht nach unten.
Und stelle fest: verflucht! Bin angebunden!
Von weither ein Rufen: Liebe mich, ich bin Dein Leben!
Es zerrt an mir, möcht' mich mit sich nehmen.
Recht hat es, ich wusst' es schon immer. Bleibe ich hier,
wird's nur noch schlimmer.
Doch Altlasten, Sorgen und Zweifel hielten mich.
Sei's drum, es gilt: Leben ist Pflicht!
Die Strippe gekappt, frei, lass mich treiben,
um nicht Opfer der eigenen Geschichte zu bleiben.
So geht es davon. Doch. Weiß nicht, ob ich's will.
Das Wasser bleibt tief. Und es ist immer noch still ...

Tiefschlag XVIII

Ist mal wieder alles irgendwie zu viel,
hältst Du's irgendwie kaum noch aus?
Vertrau auf Dein eigenes Gefühl
und fahr den Stinkefinger aus.
Ob gefrustet, traurig oder auch egal,
sollte es Dir dann nicht reichen,
mach's mit links gleich noch einmal.
Und zur Sicherheit dann noch mit beiden.

Tiefschlag XIX

Kann es noch etwas anderes geben
als dies mühsam komplizierte, aber Leben?
Nie braucht' ich mehr 'ne verlässliche Hand.
Mir steht's bis zum Hals wie Treibsand.
Die Lage fatal, die Arme paddeln.
Verzweifelt in Not, die Beine strampeln.
Statt mich zu befreien, wird's fies und fieser.
Trotz aller Müh'n versink' ich tief und tiefer.
Geduld allein wird mir nicht genügen.
Zu fürchten ist, der Treibsand wird siegen.

Tiefschlag XX

Das Leben ist … äh
wie 'ne Trödelkiste.
Voll mit Krimskrams und mit Plunder.
So geht der Deckel nicht mehr runter.
Erinnerungen, Sinnvolles, sinnlose Sachen,
die aus dem Leben Leben machen.
Zu viel der Dinge, sodass Du
bekommst die Truhe nicht mehr zu.
Man könnte sich von manchem trennen,
doch würdest Du Dich selbst noch kennen?
So nimm die Kiste und es rutscht zusammen,
dann rüttle sie, um Platz zu schaffen.
Und siehe da, der Deckel passt.
So macht das Leben wieder Spaß.
Und die Moral von der Geschicht',
ungeschüttelt lebt man nicht.

Tiefschlag XXI

Immer wieder erzählt man sich,
was für den Menschen am besten ist.
Bei all der Müh', dem Stress und Frust
ist sich zu regen, mehr als ein Muss.
Allzu gern würd' ich Leben durch meinen Körper pumpen,
doch stattdessen sitz' ich rum und pflege meine Wunden.
Denn ich kann nicht, sollte nicht, darf nicht.
Und es ist wahr, dieses Dasein tötet mich.

Tiefschlag XXII

Hallo Mitmensch, auch spazieren?
Kannst Du mir den Tag versüßen
und mich mal nicht ignorieren?
Stattdessen, wie ich, höflich grüßen?!

Tiefschlag XXIII

Es liegt wohl in der Natur der Menschenart,
dass jeder für sich ein Geheimnis hat.
Doch was für ein einsames Leben.
Es muss unbedingt wenigstens einen geben,
der dieses Geheimnis wissen will.
Ansonsten ist es viel zu still, zu still, zu still.

Tiefschlag XXIV

Wenn die Hoffnung Eier hätte ...
Was wären das für böse Tritte!
Denn ein Schlag in diesen weichen ...
täten höllisch weh, ohne Gleichen!
Gott sei Dank. Dass es nicht so ist.
Aber schlimm genug ist der Beschiss!

Tiefschlag XXV

zuerst zu ich
zu gierig zu schmierig
zu dominant zu ignorant
zu laut zu taub
zu voll zu schick
zu gern zu viel
zu viel zu „high"
zu falsch zu satt
zu oft zu doof
zu dumm zu blöd
zu schlecht zu recht
zu dies zu das
zuletzt zu spät
zu schade ...

Tiefschlag XXVI

Ich glaube nicht, dass zu viel diskutiert wird ...
und vergebens.
Ich glaube nicht, dass der Mensch lebt ohne Sinn des Lebens.
Ich glaube nicht, dass wir keine Verantwortung für
andere übernehmen.
Ich glaube nicht, dass wir lieber bekommen als ungern geben.
Ich glaube nicht, dass der eigene Vorteil uns antreibt.
Ich glaube nicht, dass die Nächstenliebe auf der Strecke bleibt.
Ich glaube nicht, dass Du Dir selbst der Nächste bist.
Ich glaube nicht, dass man seine Wurzeln vergisst.
Ich glaube nicht, dass man bei anderen kein tieferes
Interesse weckt.
Ich glaube nicht, dass es oftmals fehlt an Respekt.
Ich glaube nicht, dass man sich lieber nicht auf andere
verlassen sollte.
Ich glaube nicht, dass ich das alles so nicht wollte.
Ich glaube nicht, dass wir unsere Seelen verkaufen. Egal, wie
hoch der Preis ist.
Das alles glaube ich nicht ... Ich weiß es.

Tiefschlag XXVII

Was soll das? WAS soll das?
Warum dauert es so lange?
Seit ewig raufe ich mir die Haare.
Wann, wie, wo fing es an?
Ich leide, ich kämpfe. Ständig am Boden.
Es reicht. Mach endlich Schluss.
Bring' es zu Ende. Mit Wucht.
Damit ich nicht mehr schimpfen muss.
DU hast es in der Hand.
DU hast die Macht.
Hab Mitleid. Hau einfach drauf.
„Es werde Nacht!"
Ich denke wirklich, es langt.
Und mit mir ... fang doch an.

Tiefschlag XXVIII

Manchmal schlägt das Leben mit seiner ganzen Härte.
Dann bleib entweder liegen oder zeig Stärke.
Es sind unverzichtbare Lehren,
damit wir lernen, uns entsprechend zu wehren.
Das ist gut gesagt und noch schlauer gedacht.
Wenn's nur zu oft passiert oder umsonst Unsinn gemacht,
dann stellt sich am Ende die Frage: Wenn das alles ist?
Dann wäre die Antwort: Danke für nix!

Tiefschlag XXIX

Weiß wirklich nicht,
warum sie sich noch dreht. Wär' besser, sie schüttelt sich.
damit die Menschheit vergeht.

Tiefschlag XXX

Wenn's soweit ist, soll's doch passieren.
Dann ist's eben Zeit. Kein Lamentieren.
Und sterb' ich auch einsam. Sagt gerne: „Seht."
Er stirbt genauso, wie er hat gelebt.

Tiefschlag XXXI

Hört eigentlich irgendjemand die Rufe?
Rufe? Ich meine Schreie nach Hilfe.
Der Mensch ist dämlich und träge.
Statt der Erde zu helfen, ignoriert er, ist feige.
Zu streben nach mehr, das ist zeitgemäß schick.
Da passt so gar nicht der Ruf nach Verzicht.
Und überhaupt. Warum das, warum heute, warum ich?
Sollen erst mal die anderen, dann änd're ich mich.
Mehr Luxus, mehr Überfluss. Und sofort, am besten beides.
Doch gebt acht. Vielleicht am Ende weder noch.
Also ... keines.
Glaubt es oder nicht. Es wusste schon vor Jahren ein
kluger Mann.
Ihr wollt es nicht hören. Aber. Dass man Geld nicht
essen kann!

Tiefschlag XXXII

Die Zeit ist wirklich, wirklich dumm.
Man sitzt zu oft allein herum.
Viel zu viel zu Haus, ich will raus, ich will raus.
Ständig muss man Mundschutz tragen
und auch einen Abstand wahren,
ist man nicht zu Haus. Ich will raus, ich will raus.
Nicht nur der Spielplatz ist geschlossen,
die ganze Menschheit ist verdrossen.
Wie hält man es bloß aus? Ich will raus, ich will raus.
Schule, Sportplatz, Kneipen zu,
auf die Dauer zu viel Ruh'.
Die Hand wird schnell zur Faust. Ich will raus, ich will raus.
Die Straßen sind wie leer gefegt,
das Leben ist auf Eis gelegt.
Fühl' mich als graue Maus. Ich will raus, ich will raus.
Jetzt muss man hier allein sitzen
und beim Reimen, Dichten schwitzen.
Dafür gibt's nur einen Grund: Bleibt gesund, bleibt gesund.

Tiefschlag XXXIII

Wer hat eigentlich mal schlau betont,
die Zeit heilt alle Wunden?
Die Seele, die mir innewohnt,
sagt: alles erlogen und erstunken!
Zumindest Narben bleiben, weniger oder mehr,
doch auf jeden Fall zurück.
Spürt man sie kaum, nicht mehr so sehr …
Das nenne ich Glück!!!

Tiefschlag XXXIV

Man schaut sich um und hält es kaum noch aus.
Der Mensch stolziert herum mit dem Gehabe eines Pfaus.
Wo bleibt die Pflicht, Verantwortung, Liebe für Natur,
Mann und Maus?
Kein Interesse! Bloß nicht über den Tellerrand hinaus.
Und wenn doch, dann nie links/rechts, nur schön geradeaus.
Am liebsten „hoch die Tassen", mit viel Saus,
und wenn's nicht reicht, mit noch mehr Braus.
Mein Urlaub, mein Auto, mein Job, mein Haus.
So ist das Leben fürwahr ein echter Schmaus.
Immer mehr, immer wieder. Alles für den Applaus.
Doch Obacht! Denn am Ende vielleicht: 8–9–10–Aus ...

Tiefschlag XXXV

Da fährst Du hin, mein Leben.
Und mich lässt Du allein zurück.
1000 Mal Dir hinterher gesehen,
es zerreißt mich Stück um Stück.
Wann komm' ich endlich damit klar?
Schnell. Aus dem Auge, aus dem Sinn.
Weil's stets für mich die Hölle war.
Weil ich noch immer verletzlich bin.
Du drehst Dich um, winkst mir zu.
Ein lieber Gruß, ein Schlag ins Gesicht.
Du weißt es nicht, und das ist gut.
Ich wünschte nur, Du tust es nicht.

Tiefschlag XXXVI

Dass man so eine Erfahrung macht,
hätt' ich wirklich, wirklich nie gedacht.
Irgendwann relativiert sich's doch ...?
... Darauf warte ich noch!

Tiefschlag XXXVII

Man kann es sehen, hören, fühlen.
Man sollte es auf jeden Fall mal spüren.
Es passiert immerzu und überall, Tag und Nacht.
Das Leben lässt mal sein, das Leben macht.
Mal schaut man nur zu, mal ist man mittendrin.
Ein Teil vom Ganzen, um zu sagen: „Ich bin!"
Ich ... ich habe es langsam so satt.
Mein Leben ... findet ohne mich statt ...

Tiefschlag XXXVIII

Hey, Kopf. Was ist nun schon wieder los?
Was beschäftigt Dich denn bloß?
100 Mal der Blick zur Uhr.
Man findet einfach keine Ruh'.
Was ist denn heute Nacht so schlimm?
Ist eine Menge Hick-Hack drin.
Irgendwer spielt Ping-Pong in dem Schädel.
Irgendwas bewegt die Hebel.
Man grübelt, findet keine Lösung ..., toll!
Ich habe echt die Schnauze voll.
Was bleibt mir in solcher Nacht?
Der Mist wird zu Papier gebracht.
Damit das Hirn sich mal abschaltet,
und der Schlaf den Quatsch verwaltet!

hoho 8'19

Tiefschlag XXXIX

Hallo. Wieder da bzw. noch immer ...?
Was wäre man ohne seine Probleme?
Es ist nun wirklich nicht so, dass man sich nach ihnen sehnte.
Zu oft, zu lange schon mit Euch zu tun.
Ihr habt fürwahr zu viele Brüder.
Seit ich Euch kenne – ich habe nicht gesucht –
geht's in mir und im Leben drunter und drüber.
Dabei würd' es mir tatsächlich genügen,
fließe das Leben wie ein Strom ganz friedlich dahin.
Vielleicht mal leicht schneller, mal ein paar Schlenker.
Aber stetig nur vorwärts. Das hätte Sinn.
Bis irgendwann und irgendwo ein Ziel der Reise von
der Quelle.
... Wozu die vielen Wasserfälle ...?

Tiefschlag XL

Hin und wieder eine Katastrophe.
Es fehlen einem oft die Worte.
Der Frust will raus. Was mach' ich bloß?
Wie werde ich den Scheiß mal los?
Denn ..., keiner, der ihn hören will!
Dabei ist's im Kopf so laut – und alles andere still ...

Tiefschlag XLI

Es beschäftigt mich
Es kümmert mich
Es verwirrt mich
Es stört mich
Es ärgert mich
Es verzweifelt mich
Es passt nicht
Es wundert nicht ...
... Die anderen sind so anders als ich!

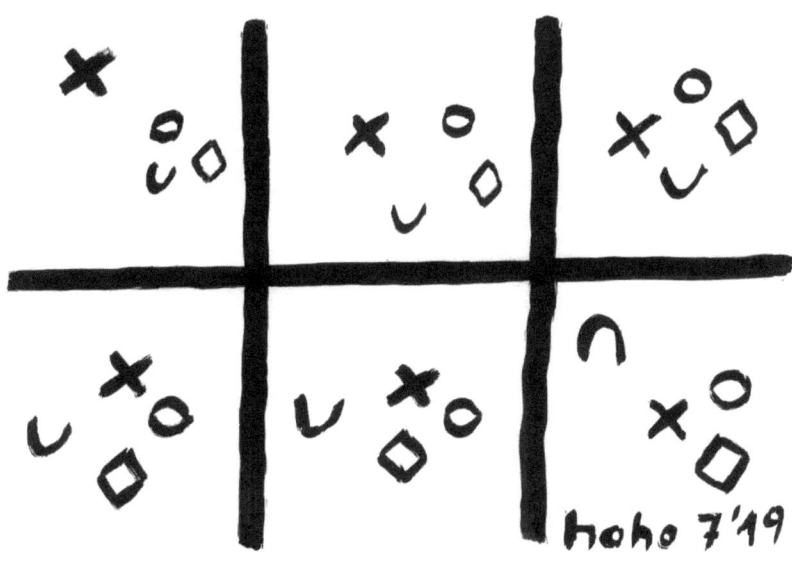

Tiefschlag XLII

Ein Leben, ohne wem zu vertrauen,
ist ein Leben voller Grauen.
Hat mal wer wo zugehört?
Weiß jeder, wo er hingehört?
Ist es schön, mal wen zu sehen?
Geht es dann auch, ohne zu reden?
Weiß man, ob er es hören will?
Oder ist dieses Gefühl zu still?
Das ist ein Leben mit Grauen ...
Ein Leben ohne Vertrauen ...

Tiefschlag XLIII

Wenn Du lächelst, bleibt die Zeit stillstehen.
Wenn Du lächelst ... Man muss es erleben.
Heller wird der Sonnenschein,
die Blumen werden bunter.
Alle Sorgen werden klein,
Der ganze Stress fährt runter.
Herzen erwärmen sich,
Frieden auf der Welt.
Deshalb dreht die Erde sich,
keine Nichtigkeit, die zählt.
Und ... womit Du es noch schöner machst,
ist ..., wenn Du lachst.
So ein kleines Menschenkind
ist der Grund, warum wir sind.

Tiefschlag XLIV

Beim Blick zurück, eine Frage:
Wie ist der Mensch denn drauf?
Man spürt viel negative Energie. Und das zuhauf!
Kein Wort von Friede, Freude, Blumenwiese.
Allein, es fehlt an Erlebtem so wie diese.
Ein Genuss an Wind und Wellen, Frühling, Sonnenlicht.
Zu tun hat es mit meinem Leben nicht.
Manch einer, der sich in Glück und Selbstgefallen sonnte.
Ich frage mich, wie ich dies Leben überleben konnte!

Tiefschlag XLV

Habe ich eigentlich schon gesagt ...
Das Leben läuft nicht nur rund, es hakt.
Dass ich vieles nicht verdient hab',
was alles in mir nagt.
Ich habe das meiste satt.
Tipps bekommen, ungefragt.
Wünscht', man hätt' die richtigen Fragen gehabt,
was ich an der Menschheit nicht – und mag.
Ich freue mich auf den jüngsten Tag.
Nicht ohne Grund sehr oft verzagt.
Hoffnung auf Glück meistens vertagt.
Was ich trotzdem schon geschafft,
was ich alles schon gepackt.
In meiner Not Gedichte geschrieben, Bilder gemalt.
Mein Leben findet ohne mich statt,
dass wohl ein Fluch auf mir lag,
dass man mich verraten hat. Vieles dumm gelaufen ... schad'.
Was ich eigentlich sagen will ...
... dies letzte Gedicht. Dann bin ich still!

Tiefschlag XLVI

... so ließ es sich nun nicht vermeiden,
sie zu erleben. Die Menschen und die Menschheiten.
Zugegeben, es ging nicht ohne.
Die Frage wär', ob es sich lohnte?!
Man darf auch nicht zu viel erwarten,
denn allzu fremd sind ihre Un- und Arten.
Man zieht die Lehren, macht das Beste draus.
Besser ist's. Und knipst das Licht allein aus ...

Tiefschlag XLVII

Am Ende bleibt die Sorge,
dass die Suche danach ... war wohl vergebens.
Hätte gerne gefunden, gerne erlebt,
Ich meine nur: den Sinn des Lebens!

Tiefschlag XLVIII

Mühe gegeben, viel ausgehalten.
Oft gefallen und aufgestanden.
Tränen vergossen, selten gelacht.
Oft viele Gedanken gemacht.
Von Sorge zu Sorge gehetzt.
Hmmm ... und ... das war's jetzt?

Tiefschlag IL

Steh auf
eben noch aufrecht gestanden,
und plötzlich auf die Nas' gefallen.
Steh auf
natürlich nicht das erste Mal,
nach kurzem Hoch der tiefe Fall.
Steh auf
wieder einmal nichts kapiert,
und schon ist es „zack" passiert.
Steh auf
Es hilft zwar nicht,
doch, wenn Du meinst, verkrieche Dich.
Steh auf
Es ist leicht, liegen zu bleiben,
das Beste in solch miesen Zeiten.
Steh auf
Es wird nicht aufgegeben,
Man hat nur dies eine Leben.
Steh auf
Auch wenn Du nicht dran glaubst,
Steh auf, Steh auf, Steh auf!

hoho 7'19

Tiefschlag L

Und zu guter Allerletzt: ein Tipp fürs Leben.
Um gut zu schlafen, muss es doch was geben.
Lange gesucht und schließlich gefunden.
Habe ich dann „Schlaf-gut-Tee" getrunken.
Lecker war's und eingeschlafen … doch
in der Nacht 1 x mehr zum Pinkeln hoch …
Und … wo ist der Tipp, die Moral von der Geschicht'?
Es ist, wie es ist …, ob man was tut oder nicht!

Tiefschlag LI

Ehrlich gesagt, ich würd' mich ungern wiederholen.
Doch es ist wichtig, drum ist zu betonen:
Die Menschheit, das Leben sind nicht immer nur fair.
So entsteht das Gefühl: Ich gehör' hier nicht her.
Diese Frage hätt' ich. Denn ich bin in Not.
Ich frage Dich. Ich frag' nicht den Tod.

Tiefschlag LII

Das Leben gibt. Das Leben nimmt.
Ist zuweilen lebensgefährlich … stimmt!
Komisch … Ich bin immer noch hier.
Und das, obwohl … gestorben … 2004.

Tiefschlag LIII

Das Leben hat so seine Tücken.
Es droht beizeiten zu erdrücken.
Es wird gelockt. Mit Wärme, Liebe, Licht.
Doch von Gefahren erzählen sie Dir nicht.
Man erlebt Spannung, Freude, Hochgefühle.
Geschenke selten oder kaum. Nur mit Mühe.
Leben ist Bewegung. Teilnahme. Möglich?!
Doch dann lässt Dich das Leben im Stich.

Tiefschlag LIV

Das Leben ist scheiße.
Hört sich schlimm an. Aber ich weiß es.
Zu viel arroganter Eigennutz, Ignoranz.
Es bräuchte Verantwortung, Mitgefühl, Toleranz.
Es nervt. Ich muss weg. Wohin?
Wie weit muss ich geh'n?
Den Mist hinter mir lassen.
Denn dann – dann ist das Leben schön.

Tiefschlag LV

Schau ich nach hinten, sehe ich die alten Probleme winken.
Seh' ich wieder nach vorne, wartet schon die nächste Sorge.
Dreh' ich mich nach links, nach rechts zur Seite,
gibt's gleich die doppelte Breitseite.
Fehlt noch der Blick nach oben, sind das dunkle Wolken,
die mir drohen?
Gott sei Dank. Festen Boden unter den Füßen. Nicht dass
von dort die Bösen grüßen!
Denke ich an andere Zeiten zurück ... Schöner wär's mit
etwas mehr Glück.
Ärger, Stress und die Angst im Nacken. Angespannt vom
Kopf zu den Hacken.
Lässt mich nicht los, komm' nicht zur Ruh'. Allein ist's
schwer. Wo ... bist ... Du ...?

Tiefschlag LVI

Was ist wohl besser? Ich weiß es nicht.
Lieber todunglücklich oder tot und glücklich ...?

Tiefschlag LVII

Ja. Schicksal, quäle mich. Nur weiter so.
Dann dichte ich. Tut mir gut und ich bin froh.

Tiefschlag LVIII

Hör auf zu jammern. Schluss mit der Heulerei.
Das will doch keiner mehr hören!
Lange genug gemosert. Zu viel Litanei.
Da sind ganz andere in Nöten!
Sooo wichtig bist Du nicht –
Die Welt dreht sich auch ohne Dich!

Tiefschlag LIX

Dumme Menschen, doofe – fiese.
Blumenwiese, Blumenwiese.
Egoismus. Ein Berg. Ein Riese.
Blumenwiese, Blumenwiese.
„Ich frage nicht. Ich schieße!"
Blumenwiese, Blumenwiese.
Der Verkehr stockt. MANN ... FLIESSE!
Blumenwiese, Blumenwiese.
Umweltschmutz, soziale Krise.
Blumenwiese, Blumenwiese.
Klimawandel. Noch mehr Hitze.
Blumenwiese, Blumenwiese.
Privat, persönlich, emotional läuft's miese.
Blumenwiese, Blumenwiese.
„Schmerzfrei" nur mit einer Prise.
Blumenwiese, Blumenwiese.
So viel Blödsinn. Besser, wenn man's ließe.
Blumenwiese, Blumenwiese.
Nichts ... tut so gut wie diese
Blumenwiese, Blumenwiese!

hoho 3'17

Tiefschlag LX

Es gibt einen Namen für das Schicksal.
Wie wäre es mit seelischer Qual?
Körperliche Gebrechen oder gar Krankheit?
Doofheit, Einsamkeit, keine Zeit?
Der alltägliche Unsinn,
dass ich immer pleite bin?
Damit sind es schon mal 8.
Fehlt noch fragwürdige Freundschaft.
Und wohl noch viele Namen mehr.
Das Leben ist nicht immer fair.
Ein Name reicht? Nein! Doch!
Ich nenne es gerne nur ... Arschloch!

Tiefschlag LXI

Aus der Ferne betrachtet, ist es schon schlimm.
Aus der Nähe besehen ...
wie Menschen mit sich und anderen umgehen.
Mensch gegen Leben.
Was wurde anfangs gelacht. Dann kam natürlich das Weinen.
Man hat Raubbau betrieben. Am Leben anderer.
Und dem eig'nen.
Immer warm, immer trocken, sowieso immer satt.
Alles schön, prall, voll. Gut, dass man was zum
Wegschmeißen hat.
Was wenige zu viel haben, haben viele zu wenig.
Naturschutz? Wieso? Ich bin ihr König.
Zuerst das ICH. Dann lange nichts.
Scheint, dass das am wichtigsten ist.
Dabei brauchen wir einander, sind schutzbefohlen.
Man könnte vielen den Arsch versohlen.
So ist es. Von nah und fern betrachtet.
Fragt mal den, der weit oben übernachtet!
Wie soll man die Menschheit wachrütteln?
Hätte der Mond einen Kopf ... Er würde ihn schütteln!

Tiefschlag LXII

Wetter. Klima. Flut. Erdbeben.
Liebe. Hass. Tod und neues Leben.
Gesellschaft. Sozial. Intoleranz.
Ein goldenes Kalb. Ein Tanz.
Politik. Hohe. Bürger. Brave.
Der böse Wolf. Schafe.
Ignoranten und Despoten.
Gifte. Müll. Wälder roden.
Keiner weiß. Alle müssen was sagen.
Selten eine Antwort. Immer neue Fragen.
Geld. Konsum. Zu viel Armut.
Der tiefe Sinn. Das hohe Gut.
Freundschaft pflegen. Feind vernichten.
Ein Recht auf Recht. Bloß keine Pflichten.
Ohren und Augen auf. Hört und seht!
Wundert Euch nicht. Es ist, wie es ist. Das Leben lebt!

Tiefschlag LXIII

Das alles ist wichtig!
Geliebt und verehrt. Zuverlässig, immer verfügbar.
Offen, vertraut. Geduldig. Belastbar.
Treibst mir die Tränen in die Augen. Öffnest Kanäle.
Verstehst die Sorgen. Weißt, wonach ich mich sehne.
Du machst alles richtig.
Du nimmst mich mit in eine heilere Welt.
Ein kurzer Traum. Tut gut. Gefällt.
Ihr habt kaum mit mir geredet.
Eher gar nicht. Auch nicht verspätet.
Ich wünschte, Ihr hättet.
So hat die Musik – nicht mehr und nicht weniger –
mir mein Leben gerettet.
Muss ich mal sterben ... Du wirst mir fehlen!

Tiefschlag LXIV

Tritt mal kürzer, einen Gang zurück!
Arbeite nicht ständig an Deinem Glück!
Komm zur Ruhe. Nimm Dir mal Zeit!
Machen und tun. Egal, wo man bleibt!
Mach doch mal weniger ..., wenn überhaupt!
Ich weiß nicht ... kommt die Stille ..., wird es laut!

Tiefschlag LXV

Nachrichten gesehen. Es hat Demos gegeben.
Für mehr Freizeit, mehr Gehalt.
Möglichst viel, möglichst bald.
Purer, dummer Egoismus.
Nichts, wo ich mitmuss.
Am Ende rechnet's sich nicht.
Weiter so? Ohne mich!

Tiefschlag LXVI

Heute, morgen, immer, hier, überall und irgendwo.
Das Leben an sich ist schon ein Risiko!

Tiefschlag LXVII

Der Mensch, wenn er denn gestorben ist,
ist erst tot, wenn man ihn vergisst.
Das Wunder wird nicht geschehen,
aber ich nenne es „Ewiges Leben",
wenn wir in Erinnerung bleiben.
Für andere, für ewige Zeiten.

Tiefschlag LXVIII

Erzähl nicht, was Du immer Tolles machst.
Will nicht wissen, was Du alles hast.
Was wirklich wichtig ist ...
ist ..., wer Du bist!

Tiefschlag LXIX

Ungläubig, fassungslos, verzweifelt.
Leidend, verstört und doch erleichtert.
Starrer Blick an die Wand.
Trockener Mund, feuchte Hand.
Nervöse Finger, in die Tasche gesteckt.
Und wieder raus ... Hat keinen Zweck.
Ein paar Schritte gemacht. Weiß nicht, wohin.
Hingeschaut ... Und wieder weg. Wo ist der Sinn?
Laufende Nasen. Augen, die tränen.
Köpfe schütteln. Spiegel verhängen.
Fenster öffnen. Die Seele muss fort.
Die letzte Reise an einen anderen Ort.
Alle kopflos, aber mit Herz.
Alle kämpfen gegen den Schmerz.
Nicht nur stilles Gedenken. Sprachlosigkeiten.
Gut ist, die Trauer mit anderen zu teilen.
Dein Herz bleibt stehen. Uns fehlt die Luft.
Du ... machst Deinen letzten Atemzug.
Ein wirklich großer, großer Verlust.
Alle wissen, dass man loslassen muss.
Ganz entspannt, friedlich, liegst Du jetzt hier.
Es fällt Dir wohl leichter als mir.
Es hilft alles nichts.
Weil es endgültig ist.
Mag eigentlich nicht – sag's trotzdem – Oh ... mein ... Gott!
Es gibt kein Zurück ... Tot ist tot!
Alles steht still, und ich kann nicht verstehen,
wie kann die Erde sich bei all dem weiter drehen ...?

EIN HERZ FÜR AUTOREN A HEART FOR AUTHORS À L'ÉCOUTE DES AUTEURS MIA KAPΔIA ΓIA ΣΥΓΓ
HJÄRTA FÖR FÖRFATTARE UN CORAZÓN POR LOS AUTORES YAZARLARIMIZA GÖNÜL VERELIM SZ
CUORE PER AUTORI ET HJERTE FOR FORFATTERE EEN HART VOOR SCHRIJVERS TEMOS OS AUT
SERCEZÓINKÉRT SERCE DLA AUTORÓW EIN HERZ FÜR AUTOREN A HEART FOR AUTHORS À L'ÉCO
VSEM DUSÍ K ABTOPAM ETT HJÄRTA FÖR FÖRFATTARE Á LA ESCUCHA DE LOS AUTO
MIA KAPΔIA ΓIA ΣΥΓΓΡΑΦΕΙΣ UN CUORE PER AUTORI ET HJERTE FOR FORFATTERE EEN
ZERZÓINKÉRT SERCE DLA AUTORÓW EIN HERZ FÜ
CORAÇÃO ВСЕЙ ДУШОЙ К АВТОРАМ ETT HJÄRTA FÖ

Der Autor

Pelle Anders (Jg. 1964) hat nach dem Abitur ein Jurastudium begonnen, sich aber kurzerhand beruflich umentschieden und Ausbildungen zum Masseur und Physiotherapeuten absolviert. Der gebürtige Lübecker lebt heute in einer Kleinstadt nahe Hamburg und hat mit seiner Ex-Frau drei Söhne. Von sich selbst sagt der Autor, dass er es im Leben nicht immer leicht gehabt habe, im Gegenteil, es gab tragische, schicksalhafte und sehr unglückliche Zeiten, und so schrieb er 70 berührende Gedichte über die Schattenseiten des Lebens. „... zu schade ..." ist sein erstes Buch. Wenn Pelle Anders nicht arbeitet oder schreibt, hört er gern Musik, joggt und liest.

Der Verlag

*Wer aufhört
besser zu werden,
hat aufgehört
gut zu sein!*

Basierend auf diesem Motto ist es dem novum Verlag
ein Anliegen, neue Manuskripte aufzuspüren, zu ver-
öffentlichen und deren Autoren langfristig zu fördern.
Mittlerweile gilt der 1997 gegründete und mehrfach
prämierte Verlag als Spezialist für Neuautoren in
Deutschland, Österreich und der Schweiz.

**Für jedes neue Manuskript wird innerhalb we-
niger Wochen eine kostenfreie, unverbindliche
Lektorats-Prüfung erstellt.**

Weitere Informationen zum Verlag und
seinen Büchern finden Sie im Internet unter:

w w w . n o v u m v e r l a g . c o m